LA HISTORIA DE
TESEO

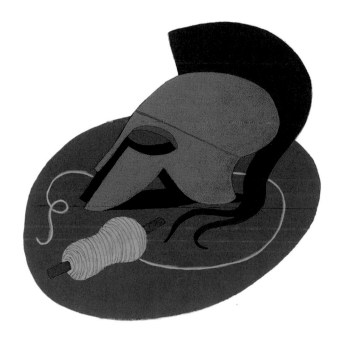

A. JANÉ   **J.** RODÉS

T eseo era hijo de Egeo, rey de Atenas, y de la hija del rey de Trezena, un hombre sabio y justo en cuya corte fue educado.

El rey Egeo había ordenado que no enviaran a su hijo a Atenas hasta que fuera capaz de levantar una roca bajo la cual había escondido su espada.

Teseo era muy valiente y quería imitar a Hércules, un héroe del que contaban unas proezas extraordinarias. Así pues, cuando cumplió dieciséis años, se vio con fuerzas de levantar la roca bajo la cual estaba la espada de su padre. Teseo consiguió levantarla y partió hacia Atenas.

Su padre estaba muy contento de verlo y le explicó que los atenienses, como tributo de una guerra que habían perdido con el rey Minos de Creta, le tenían que enviar cada año seis doncellas y seis jóvenes que servían de alimento para un monstruo llamado Minotauro, que era mitad hombre, mitad toro.

El Minotauro vivía dentro de un laberinto construido por el arquitecto Dédalo. Desde dentro, era imposible encontrar la salida.

El mismo Dédalo fue encerrado con su hijo Ícaro. No obstante, aunque ambos pudieron salir volando con unas alas de cera, Ícaro, imprudente, voló demasiado alto y el sol le fundió las alas, por lo que cayó al mar y se ahogó.

Teseo le dijo a su padre que quería ser uno de los seis jóvenes que aquel año iban a enviar a Creta. En un primer momento, el rey se opuso, pero finalmente accedió. Y Teseo se embarcó en una nave con una vela negra.

El rey pidió al piloto que, si su hijo vencía al Minotauro y volvía vivo, cambiara la vela negra por una blanca.

Cada año se esperaba con mucha expectación la llegada a Creta de los seis jóvenes y las seis doncellas de Atenas.

Ariadna, la hija del rey, reparó en la noble presencia de Teseo y se enamoró de él. Así que le dio un ovillo de hilo para que lo fuera desovillando y, si vencía al monstruo, pudiera salir del laberinto siguiendo el hilo.

La lucha entre Teseo y el monstruo fue terrible. Pero Teseo era joven y valiente y, armado con una buena espada, pudo matar al Minotauro.

Después, siguiendo el hilo del ovillo de Ariadna, consiguió salir del laberinto. A la salida lo esperaba Ariadna y, juntos, se embarcaron en la nave y partieron rumbo a Atenas.

Teseo y Ariadna, en su viaje hacia Atenas, hicieron una parada en la isla de Naxos. No obstante, Teseo no se comportó como debería haberlo hecho y, aprovechando que la chica dormía, se embarcó solo y la abandonó. Al despertarse, Ariadna no paró de llorar, pero el dios Baco se enamoró de ella y se casaron.

El viaje de vuelta a Atenas de Teseo y sus compañeros fue muy alegre: rieron, bebieron y cantaron, y por eso no se acordaron de cambiarle la vela a la nave.

Según las instrucciones del rey, si Teseo moría víctima del Minotauro, no la tenían que cambiar, pero, si volvía vencedor, debían sustituirla por una blanca.

El rey Egeo esperaba la llegada de una nave con la mirada fija en el horizonte. Cuando la vio llegar con la bandera negra, pensó que su hijo había muerto y, desesperado, se lanzó por el acantilado. Desde entonces, aquel mar se llama el mar Egeo.

Teseo llegó a Atenas feliz por el desenlace de la aventura, pero la muerte de su padre le entristeció.

Al cabo de poco tiempo, fue coronado rey de Atenas, y durante su reinado creó leyes sabias y justas para el pueblo.

© 2007, ALBERT JANÉ
© 2007, JOSEP RODÉS
© 2007, COMBEL EDITORIAL, S.A.
CASP, 79 – 08013 BARCELONA
TEL.: 902 107 007
COMBEL@EDITORIALCASALS.COM
ADAPTACIÓN: CÁLAMO&CRAN (Mᴬ CARMEN ROMERO)
DISEÑO DE LA COLECCIÓN: BASSA & TRIAS
PRIMERA EDICIÓN: SEPTIEMBRE DE 2007
ISBN: 978-84-9825-240-8
DEPÓSITO LEGAL: M-27514-2007
PRINTED IN SPAIN
IMPRESO EN ORYMU, S.A.